NO ESTOY AQUÍ PARA TODO ESTO

NO ESTOY AQUÍ PARA TODO ESTO

KEM Y DARA GASKIN

CONFESSIONS PUBLISHING

A menos que se indique lo contrario, todas las citas en inglés de las Escrituras se toman de la Santa Biblia: La nueva versión de King James. 1982. La traducción de las citas al español se toman de la Biblia: Reina-Valera 1960. Nashville: Thomas Nelson. Todos los derechos reservados.

Las citas de las Escrituras marcadas como (RVR) son tomadas de La Santa Biblia, Reina-Valera.

¡No estoy aquí para todo esto!

Copyright © 2019 por Kem & Dara Gaskin

ISBN: 978-1-7334723-4-0

Impreso y encuadernado en los Estados Unidos de América.

Todos los derechos reservados. Ninguna parte de esta publicación puede ser reproducida, almacenada en un sistema de recuperación, o transmitida, de ninguna forma o por ningún medio - electrónico, mecánico, fotocopiado, grabación - utilizada de ninguna otra manera sin el permiso expreso por escrito de los autores, Kem & Dara Gaskin, o del editor, Confessiones Publishing.

Editor: Maria Stokes

Confessions Publishing es una filial de Roszien Kay LLC, Lancaster, CA 93536. Para obtener información sobre descuentos en compras a granel y todas las demás consultas, póngase en contacto con el autor directamente en authorsgaskin@gmail.com.

Queremos agradecer a nuestro Padre Celestial, a nuestro Señor Jesucristo y al Precioso Espíritu Santo por ayudarnos tan amablemente a través de tantas batallas y muchas situaciones en nuestra vida.

¡Sin ti, nuestro Dios, no seríamos quienes somos hoy! Si no hubiera estado el Señor de nuestro lado, habríamos perecido» (Salmo 124).

¡Con gran honor dedicamos este libro a Ti, nuestro Dios Misericordioso, Amante, Fiel y Generoso! ¡Padre, eres glorificado y usa este libro para fortalecer, alentar y bendecir a cada lector! ¡¡¡En el nombre de Jesús!!!

CONTENIDO

Prefacio 9

Capítulo 1 Tu Llamado / Tu Destino 11

Capítulo 2 Sazonamiento Y Madurez A Través Del Fuego 27

Capítulo 3 Integridad 33

Capítulo 4 Humildad 45

Capítulo 5 Guiando Mientras Sangras 53

Capítulo 6 Amor 63

Capítulo 7 ¡No Renuncie A Su Dolor Tiene Gran Galardón! 73

Conclusión 83

Reconocimiento 85

Sobre El Autor 87

La Información De Contacto 99

PREFACIO

Señor, sé que me has llamado, ¡pero no firme para todo esto!

Si alguna vez has dicho algo como esto antes, entonces no estás solo. ¡Hemos estado allí varias veces y muchos otros también!

En estas páginas, oramos para que encuentres fuerza, ánimo, sabiduría, descanso y visión para cumplir tu Destino.

CAPITULO 1
Tu llamado / Tu Destino

El hecho de que haya pasado por una prueba a otra, una batalla a otra, o un daño a otro, no significa que algo está mal con usted. De hecho, siento la necesidad de declarar sobre ti "No hay nada malo en ti, sino más bien, ¡tienes un llamado!"

¡Usted está llamado por Dios! ¡Padre Dios te puso en este planeta con "dones de gran alcance, talentos y habilidades" y nos ha predestinado a una asignación específica! Que no sólo estás vagando por la vida. Dios Padre te ha marcado, te a llamado y ordenado desde antes de que nacieras "para un momento como este." ¡Tú generación está a la espera de que te presentes y muestres la grandeza de Dios! Ahora es el momento. Dios ha desplazado la tierra y hay una nueva generación de hijos e hijas que surgen lleno de fe, que no cederán, que no van a renunciar por las mentiras del diablo. ¡Ahora es el momento! ¡Nueva era!

La gloria de Dios está llenando la tierra y su gloria está llenando la tierra por medio de sus santos hijos e hijas. Vive el Señor Dios, "mi gloria llenará la tierra" (Números 14:21). ¡Esta escritura se está cumpliendo "Ahora" a través de los separados de Dios, santificados y los Santos! El avivamiento se está encendiendo y hay hijos e hijas hambrientos en fuego, esperando a Jesús manifiesto en plenitud. ¡Tienen hambre de experimentar la gloria de Dios, la intimidad, la presencia, el poder, señales, maravillas y milagros! ¡Hambre de ganar millones de almas para Cristo y por la gracia de Dios no se le negara a esta ¡nueva generación! De experimentar la gloria de Dios y el cumplimiento de su destino y el supremo llamado, el Padre nos lleva a un camino de preparación. Ese viaje se llama la formación del carácter o "El Proceso" de la preparación. No hemos llegado y todavía estamos siendo preparado para más, pero en nuestro viaje de 30 años de caminar con el Señor, ¡Él nos a impartido algunas de las principales lecciones de la vida que creemos que les fortalecerá a seguir diciendo "sí" al supremo llamado! Dios te promete, que, si quieres mantener el rumbo, atendiendo a su Palabra, y nunca renunciar, tu "si" ¡valdrá mucho la pena!

Comenzaremos compartiendo con ustedes un poco de nuestro viaje.

Mi esposa y yo nos conocimos a los 14 años, recibimos a Jesucristo como nuestro Señor y Salvador a los 19 años, nos casamos a los 20, y tuvimos 4 hijos por el tiempo que teníamos 23. Nos estaban ordenados para el ministerio y a los 27 y llegamos a ser Pastores principales a los 36; pero créame hubo muchas batallas, pruebas, tribulaciones, heridas, ofensas y más en el camino y ¡hasta hace poco! ¡Pero a través de todo Dios a mostrado su fidelidad! a sido verdaderamente ¡"un pronto auxilio en las tribulaciones"! (Salmo 46:1).

Ambos crecimos con mucha disfunción en nuestras vidas como muchos también en nuestra congregación. Debido a que no conocíamos a Jesús, cuando jóvenes para la edad de 19 años necesitábamos mucha restauración en nuestras vidas.

Te ahorraremos todos los detalles de la adolescencia sin Jesús, estoy seguro de que ¡se lo puede imaginar!

Para la edad de 19 ya estábamos hartos del mundo. Probamos la mayoría de todo y seguíamos siendo miserables.

En 1988, recibimos a Jesús como nuestro Señor y Salvador, y ambos sentimos el llamado de Dios en nuestras vidas. ¡Pudimos sentir el destino de Dios que nos llamaba!

Nos casamos siendo cristianos recién convertidos, un año más tarde en 1989, a los 20 años de edad. Sentimos que Dios nos llamaba no sólo individualmente, ¡sino como una pareja!

Con el tiempo, nuestros pastores y otros ministros en nuestra iglesia hablaron sobre nuestras vidas, y estábamos siendo llamados al ministerio. Sin embargo, en ese momento, lo que estábamos tratando de hacer era cuidar de nuestros 4 hijos mientras íbamos siendo restaurados personalmente de todas las "cosas" que habían ocurrió antes de conocer a Jesús. ¡Pero Dios nos había llamado! Tan rápido que, a los 27 años, fuimos ordenados como ancianos en la iglesia, luego un año más tarde como ¡pastores asociados! Los dos estábamos sirviendo en una capacidad de liderazgo ayudando a otras personas mientras nosotros estábamos pasando por serias dificultades en nuestras vidas, finanzas, tentación de movernos a un mejor trabajo, y "problemas con personas" en la iglesia ¡(lo que llamamos DRAMA)! Dios soberanamente evitó que dejáramos la iglesia varias veces. Hubo un tiempo cuando tuvimos "una buena razón" para moverse desde California hasta Texas. Teníamos familia en Texas, había un gran ministerio allí donde realmente recibíamos Palabra, y a nuestros 4 hijos les encantaba el ministerio juvenil. El costo de vida era mucho menor y las oportunidades de trabajo eran mucho mejor allí. En lo natural e incluso en nuestros corazones estábamos seguros de que este era lo mejor que debíamos hacer, pero después de consejo con nuestro Pastor, sabíamos que teníamos que ir a orar de nuevo.

Nuestra cabeza decía, "hemos sido fieles en esta iglesia cerca de 10 años y no estamos dejándola en amargura" por lo que esta es una "buena" oportunidad de trasladarse a Texas (algunas cosas que llamamos "bueno" no es siempre "Dios").

Después de oración y lágrimas (lo que llamamos "comer alfombra"), el Señor dijo: "No, ustedes se quedan." Si nos hubiéramos ido tal vez hubiera sido "bueno" pero no nos habríamos preparado para nuestro verdadero "¡llamado supremo!"

Algunas cosas pueden ser buenas, pero ¿es la perfecta voluntad de Dios para nuestras vidas? A medida que nos entregábamos al Señor en esa temporada de mantenerse plantados en la iglesia que Dios había asignado para nosotros, el Señor comenzó a mostrarnos el cuadro más grande. El cual en realidad no se trataba de nosotros, sino se trataba sobre el Reino de Dios y su voluntad siendo establecida en y a través de nuestras vidas para ¡muchos otros! Que vieran que nuestro "Sí" como el cuerpo de Cristo, para el Señor Jesús, produciría gran fruto del Reino en la vida de muchas personas. ¡Si tan sólo obedecemos!

Dios comenzó a indicarnos en nuestros corazones que nuestra tarea estaba conectada a permanecer plantados en esta iglesia y que teníamos un mandato divino que cumplir. Tuvimos que "morir en nuestro deseo de movernos" y decir. "No se haga nuestra voluntad, sino tu voluntad Padre." Muchas veces decimos que queremos ser como Jesús, pero cuando en el momento de la verdad, mucha gente quiere saltar fuera de los lugares difíciles, (lo que llamamos el fuego). En realidad, para ser más como Jesús, tenemos que "pasar por" aquellos lugares difíciles porque ahí es donde morimos a nosotros mismos y realmente dejamos que Jesús viva a través de nosotros.

Juan 12:24-26

"De cierto os digo, que, si el grano de trigo no cae en tierra y muere, queda él solo; pero si muere, lleva mucho fruto. El que ama su vida, la perderá, y el que aborrece su vida en este mundo, la guardará para la vida eterna. Si alguno me sirve, sígame; y donde yo esté, allí estará mi servidor también. Si alguno me sirve, mi Padre le honrará."

2 Corintios 4:11-12

"Porque nosotros que vivimos, siempre estamos entregados a muerte por causa de Jesús, para que la vida de Jesús se manifieste en nuestra carne mortal. Así que la muerte actúa en nosotros, y en vosotros la vida."

Cada uno de nosotros tiene un gran llamado del Señor. Sin embargo, hay que estar "dispuesto y obediente" y comeremos el bien de la tierra (llamado).

Isaías 1:19-20

"Si usted está dispuesto y obediente, comeréis el bien de la tierra; Pero si se niega y rebela, seréis consumidos a espada; Porque la boca de Jehová lo ha hablado."

Así que de nuevo hemos tenido que elegir morir a nuestras necesidades y deseos y permanecer plantados en la iglesia que Dios había asignado, usted también. Mudarse a Texas no era tanto la cuestión principal, era la obediencia. ¿Nos humillaríamos como lo hizo Jesús y llegar a ser "obediente" hasta el punto de la muerte (¿a lo que queríamos y morir a nuestros propios deseos y elegir la perfecta voluntad de Dios?).

Filipenses 2:8

"Y estando en la condición de hombre, se humilló a sí mismo, haciéndose obediente hasta la muerte, y la muerte de la cruz."

¡El llamado de Dios en su vida es real!

Ya sea llamado al ministerio, familia, negocios, gobierno o de cualquier misión específica. ¡El llamado y el sueño de Dios es real!

Al igual que Abraham, Isaac, Jacob, José, Moisés, David, Daniel, Jeremías, Isaías y otros en la Biblia, ¡también tienes un destino sobrenatural, llamado y el sueño de Dios para cumplir!

En esta "era del reino" Dios te ha enviado a la tierra para anunciar el Evangelio de Jesucristo por el poder del Espíritu Santo a través de los dones y talentos específicos que te ha dado. Usted debe "saber" por "revelación" que Dios te ha llamado a esa tarea específica. En primer lugar, tiene que dar testimonio con su espíritu y después será necesaria la confirmación de las autoridades maduras y experimentados asignados por Dios para su vida.

Usted debe creer que Dios es mayor que sus debilidades si Él te llama a hacer esto, Él te dará el poder, te preparara, proveerá, te protegerá y prosperara en este ¡gran llamado que Él tiene en su vida!

No eres un debilucho, ¡usted es un guerrero! Levantate en fe y determina que ningún temor, los fracasos del pasado o las circunstancias futuras te detendrán de confiar en Dios y creer y obedecer el supremo llamado, que DIOS tiene para tu vida!

Filipenses 4:13

"Puedo hacer todas las cosas en Cristo que me fortalece."

Isaías 41:10-14 dice claramente:

"No temas porque yo estoy con vosotros; No desmayes, porque yo soy tu Dios. Te fortaleceré, Sí te ayudaré, te sostendré con la diestra de mi justicia. "He aquí que todos los que se enojan contra ti. Serán avergonzados y confundidos; Ellos serán como nada, y los que contiendan contigo perecerán. Los buscarás y no los encontrarás serán como nada. Los que te hacen la guerra. Como si no existieran. Porque yo, el Señor tu Dios, quien sostiene tu mano derecha, te dice: No temas, yo te ayudaré. ¡No temas, gusano de Jacob, hombres de Israel! Yo te ayudaré, dice el Señor tu Redentor, el Santo de Israel.

El Todopoderoso está con usted, levántate en Él, y "fortalécete en el Señor y en el poder de su fuerza" (Efesios 6:10).

La mayor parte de las cosas que hemos hecho en nuestras vidas, no estábamos calificados, sin preparación, carecíamos de sabiduría y carecíamos de fuerza o habilidad; pero cuando nos humillamos y confiamos en el gran poder de Dios, ¡Él siempre nos fortaleció! Él hará lo mismo por usted cada vez que se lo pida y hay que creer esto. Usted debe creer que Dios es mayor que su debilidad e incapacidad. Usted debe creer que mayor es Cristo en vosotros "que el que está en el mundo" (1 Juan 4:4).

Cual sea su asignación en esta tierra, si de pastor, madre ungida, persona de negocios del Reino, salmista, maestro de escuela, funcionario del gobierno, profeta a las naciones, lo que Dios te ha llamado a cumplir en la tierra requerirá una comprensión profunda de lo que eres en Cristo. Dios está más preocupado sobre "quién eres" en lugar de "los que haces". Él está más interesado en quién te estás convirtiendo como un hijo y una hija y su intimidad y la relación con él en lugar de lo que está haciendo, sus logros, y éxitos en el Reino, etc. Necesitas saber quién eres en Cristo en primer lugar. No podemos enfatizar lo suficiente en la vital importancia que es crecer personalmente en la revelación de lo que eres en Cristo y a "quién" ¡tú le perteneces! La revelación de que Dios te ama personalmente que dio a su Hijo a morir por ti, para salvarte, para sanarte, y restaurarte para sí mismo, debe de arraigarse en el centro de tu corazón. ¡A partir de esta revelación que tu "sabes" que "sabes" que "sabes" que Dios te ama por lo que "tú eres" no por lo que haces! Usted no tiene que ganarse el amor de Dios. ¡Usted no tiene que hacer todo bien, usted no tiene que actuar para Dios, o hacer suficientes buenas cosas para ser aceptado por Él! Ya es aceptado en el Amado (Jesús).

Tu creíste y sabes de acuerdo a la Palabra de Dios, "Amado ahora somos hijos de Dios" (1 Juan 3:2), porque esto tiene que ver todo con su seguridad, espíritu, alma y cuerpo. Para ser honesto, sería muy difícil de guiar a la gente siendo inseguros uno mismo. No solo funcionamos, trabajamos y perseguimos el llamado de Dios de nuestros dones y talentos. Hay que estar seguro internamente. Debemos estar arraigados y cimentados en el amor de Dios. Si usted no sabe quién es usted en Cristo y a quien le pertenece, esto puede hacer que el destino de Dios para su vida futura se derrumbe bajo la presión de la familia, ministerio, negocios, etc. (sea cual sea el destino).

¿Cómo nos arraigamos y cimentamos en el amor de Dios?:

1) Obtener escrituras sobre el amor de Dios para usted personalmente. Leer esas escrituras. Poner esas escrituras en los ojos, en los oídos y en tu corazón todos los días. Hablar esas escrituras en voz alta a sí mismo. Hablando Escrituras a sí mismo es la meditación bíblica y cuando usted medita en la Palabra de Dios le va a prosperar, restaurar y sanar el alma.

3 Juan 2

"Amado, yo deseo que tú seas prosperado en todas las cosas, y que tengas salud, así como prospera tu alma."

2) Enfocándose en el amor de Dios por nosotros y por los demás. ¡A propósito, pensar en el amor de Dios para ti y para los demás! Dígase a sí mismo: "Dios me ama" diga "Dios te ama (añada su nombre). Hablar a sí mismo que Dios te ama. Esto es muy poderoso. Entonces ¡Ve a decirle a alguien "Dios te ama"! Siembra amor, y cosecharás amor.

3) ¡Pasar la prueba de amor!

Practicando el amor de Dios con la gente y en diversas situaciones es la prueba en sí. Cuando nos rendimos al amor de Dios (cuando hemos sido heridos u ofendidos por alguien) es ahí cuando "realmente" nos arraigamos y cimentamos en él. Es entonces, y sólo entonces que estamos pareciéndonos a Cristo. En el fuego de las pruebas, las impurezas en nosotros salen a la superficie y si cedemos al Amor de Dios, vamos a morir a nosotros mismos y Cristo vivirá a través de nosotros. Jesús dijo seguro ofensas vendrá. Habrá heridas, desilusiones, etc., con la gente, pero el amor nunca falla. ¡El amor siempre gana!

Para ser totalmente transparente, ¡es ahí donde está el momento de la verdad! Donde somos puestos a prueba. El deseo de cumplir con el llamado de Dios debe estar motivado por el amor. A veces podemos "sentir" el amor de Dios, y el amor por la gente, pero otras veces puede ser que no "sentimos" el amor de Dios. Pero no vivimos por lo que "sentimos". Vivimos por fe" (Romanos 1:17) y 'la fe es por el oír y el oír por la palabra de Dios' (Romanos 10:17). Romanos 5:5 dice que el amor de Dios ya está en nuestros corazones en este momento por el Espíritu Santo. Así que, si "sentimos" el amor de Dios o no, por la fe que "sabemos" basado en Romanos 5:5, "tenemos" el amor de Dios en nuestros corazones "Ahora"! Debemos pedir al Espíritu Santo que nos ayude a ¡¡¡crecer en el amor de Dios!!!

Filipenses 1: 9-11

"Y esto pido en oración, que vuestro amor abunde aún más y más en ciencia y en todo conocimiento, para que aprobéis las cosas que son excelentes, para que puedan ser sinceros y sin ofensa para el día de Cristo, siendo llenos de frutos de justicia que son por medio de Jesucristo, para gloria y alabanza de Dios."

El deseo de cumplir con el llamado de Dios no puede ser impulsado por la inseguridad, la ambición, el orgullo, los celos, o para probase uno mismo. Si estos motivos impuros son lo que le guían, pueden hacerle que sea vencido en el medio de cumplir con su destino dado por Dios a causa de la presión; o incluso llevarle a cometer graves pecados o tomar decisiones importantes que destruirán no sólo el trabajo y el destino que Dios te ha confiado, pero potencialmente destruir tu propia vida. Dios te ama demasiado y Él no quiere "que seas destruido" por causa cumplir con su llamado en tu vida. ¡Debemos velar y orar! ¡Debemos estar arraigados en el amor de Dios y que debemos ser guiados por el Amor!

I Corintios 16:14

"Todas vuestras cosas sean hechas con amor."

¡Deja que el amor domine, sea tu motivo de cumplir tu llamado!

2 Corintios 5:14

"Porque el amor de Cristo nos oblige."

¡Ya no vivimos para nosotros, estamos viviendo para Cristo!

2 Corintios 5:15

"Y por todos murió, para que los que viven ya no vivan para sí, sino para aquel que murió y resucitó por ellos de nuevo."

Escritura de Reflecion

Jeremaís 29:11

"Porque yo sé los pensamientos que tengo acerca de vosotros, dice Jehová, pensamientos de paz, y no de mal, para daros el fin que esperáis."

Isaías 55:11

"Así será mi palabra que sale de mi boca: no volverá á mí vacía, antes hará lo que yo quiero, y será prosperada en aquello para que la envié."

Job 23:14

"El pues acabará lo que ha determinado de mí: Y muchas cosas como estas hay en él."

Salmos 138:8

"Jehová cumplirá por mí: Tu misericordia, oh Jehová, es para siempre; No dejarás la obra de tus manos."

Efesios 2:10

"Porque somos hechura suya, criados en Cristo Jesús para buenas obras, las cuales Dios preparó para que anduviésemos en ellas."

Filipenses 1:6

"Estando confiado de esto, que el que comenzó en vosotros la buena obra, la perfeccionará hasta el día de Jesucristo."

Permítanme Orar Por Ustedes Ahora

Padre, oramos para que fortalezcas a cada lector y a cada uno de nosotros para decir con un corazón puro «No hará nuestra voluntad, sino la tuya, Padre». ¡Fortalécenos para morir en nuestros propios deseos y «Obedecer» tu llamamiento sobre nuestras vidas en el Nombre de Jesús! Amén.

CAPITULO 2
Sazonamiento y Madurez a través del fuego

Marcos 9:49-50

"Porque todos serán salados con fuego, y todo sacrificio será salado con sal. La sal es buena, pero si la sal pierde su sabor, ¿con qué la sazonareis? Tened sal en vosotros y paz unos con otros."

Jesús dijo que todos seran sazonados con fuego. Y todo sacrificio será salado con sal.

Cuando uno dice que sí a al llamado de Dios, hay alegría en hacer su voluntad. Él nos da el deseo de hacer su voluntad. El unge los ojos para ver el destino, la vocación, y el gran plan que te está dirigiendo a cumplir. Para prepararte para este supremo llamamiento, habrá un sazonamiento con el fuego del Espíritu Santo en tu vida. Cuanto mayor es el llamado, más profunda es la preparación. Sabemos de este principio incluso en carreras seculares. Si quieres un trabajo en el cambio de neumáticos o hacer cambios de aceite, usted tiene que ir aplicar, ser entrenado y empezar a trabajar. Si desea convertirse en un médico o abogado, en cambio, habrá años de preparación requerido. Cuanto mayor sea la responsabilidad, mayor es la preparación. Cuanto mayor es el llamado, más profunda es la preparación interna de nuestro carácter. El fuego de Dios nos purifica, mata a la naturaleza carnal, y nos prepara para servir a nuestra generación con un corazón limpio. El destino de Dios es de ¡gran alcance! El destino de Dios tiene ¡cumplimiento y propósito! Tiene el potencial para dejar un legado poderoso, para que tu propia vida empuje el Evangelio de Jesucristo a tu generación. Su vida afecta a la tierra para la gloria de Dios. Millones de almas se han eternamente salvado y cambiado por la gracia de Dios y porque usted a dicho "sí". El destino de Dios es mucho mayor que el plan de su vida. ¡Pero para entrar en ese destino y para cumplir ese destino hay que decir "sí" al fuego del Espíritu Santo!

Toma tu cruz y sigue a Jesús.

Mateo 16:24 "Entonces Jesús dijo a sus discípulos: 'Si alguno quiere venir en pos de mí, niéguese a sí mismo, y tome su cruz, y sígame.'

¿Estamos dispuestos a participar de los sufrimientos de Cristo? Tendremos que morir a la parte egoísta de nosotros. La llamada del discipulado es un llamado "a conocerlo y darlo a conocer." Nuestro ministerio es uno de separación para el Señor y de un corazón puro hacia Dios y la gente. Así que, en realidad, para participar de la gloria de Dios, también debemos participar de sus sufrimientos. Es una fantasía que todo va a ir suave todo el tiempo. Habrá resistencia cuando se está haciendo la voluntad de Dios y presionando en el reino de Dios, al igual que había en los días del apóstol Pablo cuando el Espíritu Santo lo dirigió a ir a predicar el Evangelio en ciertos lugares. Así también los otros apóstoles y discípulos. ¡Pero Dios es fiel!

Filipenses 1:6

"Estando persuadido de esto mismo: que el que comenzó la buena obra en ustedes, la perfeccionará hasta el día de Jesucristo."

Sabiendo que somos llamados al ministerio, NECESITAMOS que pasar por el proceso de muchas pruebas y tribulaciones en las relaciones y otras áreas para estar listo para lo que implica el ministerio. La prueba de amor es la mayor parte del proceso. Dios va a purificar nuestros motivos en cada área de nuestra vida. Sabiendo "que estamos en Cristo como hijos e hijas en Él y arraigados y cimentados en su amor, es la base absoluta para cada hijo de Dios para vencer las muchas pruebas de la vida. Circunstancias de la vida, así que nuestra confianza "debe" ser plenamente en el Señor y arraigada en su amor para vencer.

Hemos pasado por muchas pruebas personales y adversidades. El fuego de prueba que compartimos en el Capítulo 1, con respecto a si nos quedaríamos en la iglesia que Dios nos asignó, o dejar la iglesia nos requeriría entregar nuestro propio deseo por causa del llamado de Dios. Los dos estábamos de acuerdo en que el Señor nos estaba guiando a quedarnos. Así, con muchas lágrimas cedimos al Espíritu Santo a medida que comenzó a quemar nuestros propios planes y deseos hasta que dijimos que ¡sí Señor! Hubo muchas lágrimas, pero al final cedimos al Espíritu Santo y al Amor de Dios. Nos quedamos en nuestra iglesia y eventualmente llegamos a hacer Pastores Principales y Supervisores Apostólicas ¡de esta misma iglesia! ¡A Dios sea la gloria por los siglos! Ese fue una de nuestras pruebas de fuego, ¿era fácil? No. ¿Valió la pena? Sí.

Tus pruebas de fuego no serán fáciles, pero al igual que José, Daniel y los tres jóvenes hebreos tu saldrás del fuego, y serás promovido en el Reino de Dios y serás usado por Dios para traer liberación a muchas personas en necesidad de la ¡gracia salvadora de Dios!

Escritura de Reflecion

Isaías 48:10

"He aquí te he purificado, y no como á plata; hete escogido en horno de aflicción."

Isaías 43:2

"Cuando pasares por las aguas, yo seré contigo; y por los ríos, no te anegarán. Cuando pasares por el fuego, no te quemarás, ni la llama arderá en ti."

Isaías 41:10

"Pasa cual río de tu tierra, oh hija de Tarsis; porque no tendrás ya más fortaleza."

Job 13:15

"He aquí, aunque me matare, en él esperaré; Empero defenderé delante de él mis caminos."

Job 23:10

"Mas él conoció mi camino: Probaráme, y saldré como oro."

1 Pedro 5:10

"Mas el Dios de toda gracia, que nos ha llamado á su gloria eterna por Jesucristo, después que hubiereis un poco de tiempo padecido, él mismo os perfeccione, coforme, corrobore y establezca."

Permítanme Orar Por Ustedes Ahora

Padre, ruego en el nombre de Jesús que fortalezcas a cada persona que lea esto con tu gracia para decir «Sí» a tu voluntad perfecta. Que vean la alegría que se les presenta. Dales no sólo el coraje, el amor y la capacidad de decir «Sí», y nunca darse por vencidos, sino para atravesar el fuego, y saber gracias a la revelación que Tú estás con ellos y nunca los abandonarás. Declaro que la persona que lee esto y ora con nosotros en este momento, cumplirá con tu Llamado, Padre, en el nombre de Jesús. ¡Sean bendecidos ahora con el poder de Dios para pasar por «el fuego» y cumplir Su voluntad en el nombre de Jesús! Amén.

CAPITULO 3
Integridad

Definición de Integridad:

1. Estar entero; completo; estado intacto.

2. La totalidad, el estado irreprochable de algo, en particular de la mente; solidez o la pureza moral; incorruptible; nobleza; honestidad. integridad comprende todo el carácter moral, pero tiene una especial referencia a la rectitud en las relaciones mutuas, las transferencias de propiedad, y los tratos hacia otros.

3. Pureza; Estado intacto no adulterada genuino; como la integridad de la lengua.

In-te-gri-dad

sustantivo

1. la cualidad de ser honesto y tener sólidos principios morales; rectitud moral.

A veces parece que la palabra integridad es una palabra extranjera en nuestra sociedad. Una cosa es saber lo que es la integridad, es otra cosa saber cómo la integridad afecta nuestras vidas, nuestras familias, nuestras relaciones y nuestra sociedad. Es también otra cosa "comprometerse cada día" para vivir una vida de integridad.

Todos nos quedamos cortos de la gloria de Dios en diferentes momentos de nuestras vidas, todos cometemos errores y estamos en constante crecimiento a ser más como Cristo. Sin embargo, cada uno de nosotros debe tener cero tolerancia para la falta de integridad. A veces como líderes podemos poner una gran demanda en las personas que guiamos. Queremos que sean responsables, que se comuniquen con una actitud correcta, que mantengan su palabra, que sean leales y dignos de confianza. Como líderes servidores, debemos entender que a quien mucho se da, mucho se requiere (Lucas 12:48).

Si usted es un padre, usted es un líder en la familia. Si usted es un pastor, usted es un líder en la iglesia. Si usted es propietario de un negocio, usted es un líder en su negocio. Cualquiera que sea la forma de liderazgo que tiene, sin integridad su vida y su palabras no pueden ser de confianza. Sin confianza, las relaciones serán débiles e incluso rotas. Sin una sólida relación con los demás, los destinos no pueden cumplirse. Todo lo que Dios te ha llamado a hacer, se le requerirá para servir a otras personas en ese llamado. El mayor líder es un servidor de todos (Mateo 20:26).

Él también traerá personas a su vida para ayudarle a cumplir su propósito. Recuerde, si usted no tiene integridad, sus relaciones serán minados, debilitadas e incluso potencialmente rotas. No importa lo duro o largo que trabaje, no importa cuanto ore, cuanto ayune y lea la Biblia, cuanto vivas en el fuego de Dios, cuantas almas gane, cuantos grandes milagros tenga y cuanto fuego tenga para cumplir el destino de Dios. Si usted no tiene fuertes relaciones santas, ¡el destino de Dios no va a cumplirse! Es necesario fieles relaciones del Reino para cumplir el destino de Dios. Sin embargo, si usted consistentemente tiene falta de integridad en su vida, destruirás esas relaciones del Reino que Dios te ha dado para cumplir tu llamado y destino. Confiamos en Dios porque él nos ha dado su Palabra eterna y dice "Mi pacto no voy a romper" (Salmo 89:34-35).

Cuando hemos hecho todo lo posible para comunicarnos con una persona si absolutamente no podía mantener una cita para una llamada o una reunión y volver a programar la reunión para tener la integridad de nuestro lado de las cosas, pero a menudo hemos experimentado las personas que son líderes en las iglesias o en el ministerio que dicen que van a ponerse en contacto con nosotros en un momento o día específico y a veces es para una conversación importante, pero luego no cumplen a su palabra, y ellos no se comunican con nosotros en absoluto! Como hay resultado decepción, porque en realidad hacemos nuestro tiempo a un lado para esperar la cita programada con ellos. Sabiendo que estos son líderes o amigos nuestros, esto causa frustración en la relación. Recordemos que este tipo de falta de carácter e integridad afectos los niveles de confianza cuando se desea trabajar con personas para fines de ministerio.

Salmos 89: 34-35

"Mi pacto que no se romperá, ni alterar la palabra que ha

salido de mis labios. Una vez he jurado por mi santidad; No mentiré a David:"

Números 23:19

"Dios no es hombre, para que mienta, ni hijo de hombre para que se arrepienta. Él ha dicho, ¿y no hará? Habló, ¿y no lo ejecutará?"

Dios es amor el amor habla con la verdad, trata con verdad, ¡mantiene la verdad a toda costa!

Efesios 5:1-2

Hemos de ser imitadores de Dios como hijos amados y caminar en el amor.

I Juan 4: 8

"El que no ama no conoce a Dios, porque Dios es amor."

Cuando los padres aman a sus hijos, harán todo lo posible para mantener sus promesas a sus hijos. Si un padre siempre le dice al niño que van a hacer algo, pero nunca lo hacen, los niños ya no le tendrán "confianza" a las palabras de los padres y, finalmente, comenzaran a estar decepcionado con los padres, faltaran el respeto a los padres y alejaran de tener una relación sólida con el padre.

Esta misma situación ocurre con demasiada frecuencia en muchos ámbitos de la sociedad. Como líderes debemos cambiar el curso y cambiar la marea, donde hay una avalancha de "la falta de integridad." Es hora de que elevamos el estándar poniendo una fuerte demanda en nosotros mismos a diario caminar en integridad.

¡INTEGRIDAD, INTEGRIDAD, INTEGRIDAD!

Vamos a seguirlo diciendo, viviéndolo y siendo un ejemplo para ello hasta la próxima generación que los(jóvenes) sepan que la integridad es normal y tener falta de integridad es raro (anormal y pecado).

Matrimonios, familias, iglesias, empresas, líderes gubernamentales y los sistemas gubernamentales han sido sacudidas o destruido debido a la "falta de integridad."

Algunos de nuestros más grandes líderes e instituciones han sido sacudidos, debilitados, e incluso destruidos a causa de esta "falla" de la falta de integridad. Los terremotos causan un gran daño, pero todo comienza en una línea de falla. Las sacudidas en nuestras vidas y la sociedad pueden causar un gran daño si carecemos de esta poderosa fuerza llamada ¡INTEGRIDAD!

Debemos despertar y reconocer como líderes en nuestro turno, esta avalancha de "la caída de la integridad" ¡está aconteciendo! Levantémonos en el poder de la gracia de Dios y elevamos el nivel de integridad en esta generación.

La integridad es fuerte,

falta de integridad es débil.

La integridad construye naciones,

falta de integridad destruye naciones.

La integridad engendra sociedades sanas,

falta de integridad engendra sociedades enfermas.

La integridad bendice a la siguiente generación,

falta de integridad puede destruir la próxima generación.

Proverbios 20:7

La integridad es piadosa,

falta de integridad es impía.

La integridad es el estilo de Jesús,

falta de integridad es el estilo del diablo.

Integridad genera éxito,

falta de integridad engendra fracaso.

La integridad fortalece las relaciones,

falta de integridad debilita y destruye las relaciones.

La integridad es un puente a la vida, falta de integridad es un puente a la muerte es característica clave para el cumplimiento de su destino, falta de integridad socava y limita el cumplimiento de tu destino.

¡Desarrollar Integridad! ¡Vale la pena! ¡Dios es honrado! ¡Dios es glorificado! Se gana el respeto, el honor y favor. Es el momento de que cambie la situación actual de falta de integridad y surja una nueva generación llena del poder de Cristo y este poderoso atributo de Cristo ¡llamado integridad! ¡Hagámoslo!

Escritura de Reflecion

Proverbios 10:9

"El que camina en integridad anda confiado, mas el que pervierte sus caminos será descubierto."

¡Un rey (Líder de gobierno) lo dijo!

Génesis 20:5

"¿No dijo a mí: 'Es mi hermana'? Y ella, aunque ella misma dijo, "Él es mi hermano. En la integridad de mi corazón y con limpieza de mis manos he hecho esto."

¡La respuesta de Dios al Rey!

Génesis 20:6

Y Dios le dijo en un sueño, "Sí, sé que hiciste esto en la integridad de tu corazón. Porque yo también te detuve de pecar contra mí; por lo tanto, no dejé que la tocaras."

1 Reyes 9:4

"Ahora bien, si andas delante de mí como anduvo David tu padre, en integridad de corazón y en equidad, haciendo todas las cosas que os he mandado, y guardando mis estatutos y mis decretos."

Job 2:3

"Entonces el Señor dijo a Satanás: has considerado a mi siervo Job, que no hay otro como él en la tierra, varón perfecto y recto, temeroso de Dios y apartado del mal? Y que todavía retiene su integridad, aun cuando tú me has incitado contra él para que lo arruinara sin causa."

Job 2:9

"Entonces su mujer le dijo: "¿Todavía retienes tu integridad? ¡Maldice a Dios y muérete!"

Job 27:5

"Lejos de mí que yo debería decir que tienen razón; hasta que muera, no quitaré de mí mi integridad."

Job 31:6

"Deja que me pese en balanzas justas, porque Dios conoce mi integridad."

Salmo 78:72

"Por lo que los pastoreó según la integridad de su corazón, y los guio por la pericia de sus manos."

Proverbios 11:3

"La integridad de los rectos los guiará, más la perversidad de los perdidos los destruirá."

Proverbios 19:1

"Mejor es el pobre que camina en su integridad que el que es perverso en sus labios, y fatuo."

Proverbios 20:7

"El justo camina en su integridad; Sus hijos son dichosos después de él."

Proverbios 28:6

"Mejor es el pobre que camina en su integridad que uno de perversos caminos, y rico."

Tito 2:7

"Mostrándote en todo por ejemplo de buenas obras; en doctrina haciendo ver integridad, gravedad."

Permítanme Orar Por Utedes Ahora

Padre oramos por todos los que leen este libro, y les pedimos que fortalezcan su convicción, sabiduría y gracia para caminar diariamente en integridad. Oramos para que tu amor, Padre Celestial, les motive a mantener su palabra incluso cuando duela. Oramos, Padre, para que destruyas la marea de falta de integridad en el Reino de Dios, en nuestra nación y en el mundo. Que el espíritu de la Integridad sea liberado del cielo en los corazones de cada lector y dé fruto en sus vidas, familias y sociedad. Que una nueva generación se levante, empezando por todos nosotros individualmente, comprometida a vivir y crecer diariamente bajo una verdadera integridad piadosa. Según Marcos 11:24, ¡Creemos que recibimos todo esto en el Nombre de Jesús! Amén.

CAPITULO 4
Humildad

Dios pasará por alto sobre 10.000 personas con dones, para encontrar ¡una persona humilde!

Una persona que tiene pocos dones, pero gran humildad ante Dios, tendrá la facultad por la poderosa gracia de Dios para cumplir el destino de Dios.

Tal vez usted no se siente capacitado para hacer algo grande para el Señor. ¿Adivina qué? ¡Usted es el candidato perfecto que Dios está buscando, porque él escoge lo débil del mundo para confundir a los sabios! Dios escoge lo de abajo, las cosas que no son, para avergonzar a lo que es (1 Corintios 1: 26-29).

Yo nací en el Sur Centro de Los Ángeles de una madre soltera con discapacidad, mi madre tuvo un accidente de automóvil cuando era adolescente, salió volando de la parte del vidrio delantero del auto de su papá y por la gracia de Dios y mucho oración, ella tuvo una recuperación parcial, sin embargo debido a su incapacidad ella no pudo criarme, de niño nunca conocí a mi papá y viví con varios tíos cuando era pequeño, sin embargo la mayor parte de mi crecimiento fue con la hermana de mi mamá y su esposo. Dios por su gracia me salvó en mayo de 1988 a la edad 19 años. Aquí estaba yo buscando amor identidad, propósito y ¡Dios me rescató!, qué ¡Dios tan bueno, qué buen Dios! no tenía nada que ofrecerle a Dios, no tenía habilidades, no tenía padre natural, no vivía con mi mamá, no tenía dinero, y estaba sin futuro. Pero Dios me dijo te amo y tengo un propósito para tu vida. ¡Ahora esa es gracia! Él hará lo mismo por ti y aún cosas más grandes. Yo tuve que humillarme para entregar mi vida y seguir a Jesús. Esa fue la más acertada decisión de mi vida. Si tú te humillas y entregas tu vida y sigues a Jesús él hará grandes cosas en tu vida que ni te imaginas.

Si te sientes confiado que tú puedes lograr lo que está en tu corazón. Entonces tu visión no es suficiente grande, cualquier cosa que Dios realmente te ha llamado a ser, será mucho más grande de lo que tú puedes lograr, el llamado verdadero de Dios requerirá tu total dependencia en Él y su gracia, Dios puede ungir al hombre que se humille y obedezca su voz, la humildad viene antes que el honor, promociones y riquezas.

Prov. 18:12

"Antes del quebrantamiento se enaltece el corazón del hombre, y antes de la honra está la humildad."

Pro. 22:4

"Riquezas, honra y vida Son la remuneración de la humildad y del temor de Jehová."

Deu. 8:2-3

"Y te acordarás de todo el camino por donde te ha traído Jehová tu Dios estos cuarenta años en el desierto, para afligirte, para probarte, para saber lo que había en tu corazón, si habías de guardar o no sus mandamientos. Y te afligió, y te hizo tener hambre, y te sustentó con maná, comida que no conocías tú, ni tus padres la habían conocido, para hacerte saber que no sólo de pan vivirá el hombre, más de todo lo que sale de la boca de Jehová vivirá el hombre."

La humildad es NECESARIO y un prerrequisito para los 5 ministerios y cualquier forma de verdadero liderazgo. Cuando estás guiando personas como líder principal o líder laico en la iglesia o negocios, no tienes el derecho de ofenderte sobre aquellos que han sido confiados a tu cuidado para discipular. Nosotros como líderes tenemos más responsabilidad bíblicamente hablando, para caminar en humildad y no reaccionar en la carne, cuando aquellos que nosotros tratamos de ayudar reaccionan de una mala forma en contra de nosotros. Hay muchas vidas que necesitan ser restauradas y ellos no saben cómo recibir instrucción aun, de parte de un líder en sus vidas. Cuando esto sucede no lo debe de tomar personal, esas son lecciones que también tenemos que aprender, tenemos que mantener nuestros corazones suaves ante Dios y tener una perspectiva de servicio.

Mat 23:11 El que es el mayor de vosotros, sea vuestro siervo.

Nosotros sabíamos que fuimos llamados para el Ministerio en una amplia capacidad, pero teníamos nuestro proceso de maduración en Cristo primero. Aunque sabíamos que este llamado era real y Dios lo confirmo muchas veces, teníamos que estar contentos en nuestras etapas, en ese tiempo cuando estábamos criando 4 niños. Mi esposo tenía su trabajo de tiempo completo y yo me quedaba en casa cuidando a los niños, estábamos los dos envueltos en varios ministerios de "ayuda" en la iglesia amábamos a Dios y queríamos ser fieles pero no era fácil, atravesamos varias dificultades financieras entre subidas y bajadas a través de los años, pruebas con personas, aún en la iglesia, lo cual era muy estresante mientras estás criando una familia numerosa, por Dios nosotros no corrimos de las dificultades de la vida sino que aprendimos de ellas escogimos rendirnos ante el Señor y podríamos sentir al Espíritu Santo continuamente acercándonos más a Él ¡Gracias Jesús! con convicción, el temor del Señor en nuestros corazones para mantenernos buscándole. Los años pasaron las temporadas llegaron y se fueron, pero nosotros seguíamos moviéndonos hacia delante en nuestra relación con el Señor y no por causa del ministerio sino porque sabíamos que lo necesitábamos más que nunca porque sin Él ¡no somos nada!

Cuando tienes una relación cercana con el Señor tus sentirás la convicción y la necesidad de caminar en humildad ante el Señor, pero también con las personas, aunque a veces duele. Esta es una de las mayores partes del proceso de madurez para ser como Cristo, y el pasar muchas pruebas de humildad, esto también nos ayudó a crecer en el amor incondicional de Dios. Para que Cristo more en vuestros corazones a través de la fe, para que seáis arraigados y cimentados en amor Efe. 3:17. Bienaventurados los pacificadores porque ellos serán llamados hijos de Dios Mat. 5:9. No puedo enfatizar lo suficiente cuan vital es tener una conciencia limpia hacía con Dios e ir a iniciar paz con otros que obviamente están del lado contrario y humillarnos a nosotros mismos y estar en paz con esa persona, no importando quién tiene la razón, la clave está en ser humildes y no tener la razón siempre. Jesús nunca contraatacó cuando era atacado, ni aún abrió sus labios para defenderse a sí mismo. Si una persona quiere hablar de algo de una manera humilde, que puede dar fruto para resolver una situación no importa qué tan espinoza sea la situación, si uno no es humilde entonces no habrá fruto. ¿Pero no es eso lo que nosotros siempre queremos? Así que como hijos de Dios y siervos del Señor qué es lo que estamos haciendo, entonces ¿Qué es lo que estamos persiguiendo? ¿Cuál debería ser la condición de nuestros corazones? Debemos ¡siempre luchar por la reconciliación! Porque el ¡Espíritu Santo es el espíritu de reconciliación! Este es el fruto de amor de nuestro Señor ¡Humildad! La humildad es un atributo de pureza, la Palabra de Dios dice, Bienaventurados los de corazón puro porque ellos verán a Dios (Mat. 5 8). Dios requiere humildad como el primer paso para sanar y vivificar la tierra, la nación y su gente.

Escritura de Reflecion

2 Crónicas 7:14

"Si se humillare mi pueblo, sobre los cuales ni nombre es invocado, y oraren, y buscaren mi rostro, y se convirtieren de sus malos caminos; entonces yo oiré desde los cielos, y perdonaré sus pecados, y sanaré su tierra."

Miqueas 6:8

"Oh hombre, él te ha declarado qué sea lo bueno, y qué pida de ti Jehová: solamente hacer juicio, y amar misericordia, y humillarte para andar con tu Dios."

Isaías 57:15

"Porque así dijo el Alto y Sublime, el que habita la eternidad, y cuyo nombre es el Santo: Yo habito en la altura y la santidad, y con el quebrantado y humilde de espíritu, para hacer vivir el espíritu de los humildes, y para vivificar el corazón de los quebrantados."

Isaías 66:2

"Mi mano hizo todas estas cosas, y así todas estas cosas fueron, dice Jehová: mas á aquél miraré que es pobre y humilde de espíritu, y que tiembla á mi palabra."

Proverbios 29:23

"La soberbia del hombre le abate; Pero al humilde de espíritu sustenta la honra."

1 Pedro 5:6

"Humillaos pues bajo la poderosa mano de Dios, para que él os ensalce cuando fuere tiempo."

Mateo 20:26

"Mas entre vosotros no será así; sino el que quisiere entre vosotros hacerse grande, será vuestro servidor."

Permítanme Orar Por Ustedes Ahora

Padre, oramos por aquellos que leen esto ahora mismo. Fortalece a cada uno con tu Espíritu Santo para crecer en humildad. Padre, te agradezco que aquellos que nacen de nuevo con la fe en Jesucristo tengan tu naturaleza divina en el interior de ellos (2 Pedro 1:3). Ayúdalos hoy, Padre, a vivir crucificados con Cristo, muertos por el orgullo y por la fe para caminar en humildad. Para someterse a ti, Padre, y resistir al diablo y que él huya de ellos. Padre, has dicho que das gracia a los humildes. Que el fruto del Espíritu Santo y este bello Cristo como atributo de humildad crezcan cada día en sus vidas. ¡En el nombre de Jesús, Amén!

CAPITULO 5
Guiando Mientras Sangras

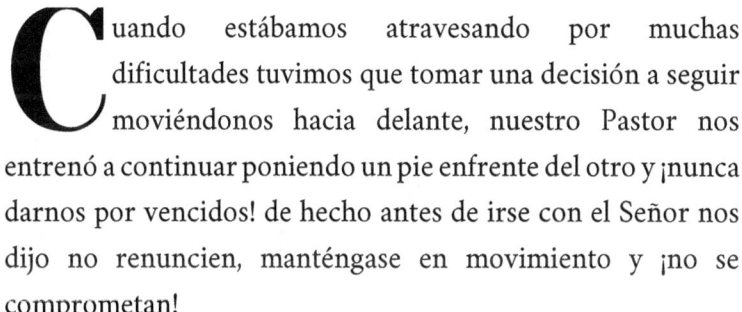

Cuando estábamos atravesando por muchas dificultades tuvimos que tomar una decisión a seguir moviéndonos hacia delante, nuestro Pastor nos entrenó a continuar poniendo un pie enfrente del otro y ¡nunca darnos por vencidos! de hecho antes de irse con el Señor nos dijo no renuncien, manténgase en movimiento y ¡no se comprometan!

Recordamos tener que continuar sirviendo y dando a otros después de que nuestro Pastor se enfermó y se fue con el Señor repentinamente. Antes de que nuestro Pastor se enfermara, la iglesia estaba en un buen lugar, éramos los Pastores asociados y la iglesia estaba dando a luz nuevos proyectos, estábamos preparándonos para el ministerio de prisión, muchos adultos jóvenes estaban en fuego y teniendo deseo de alcanzar ¡almas para Cristo! En el medio de este mover notamos que nuestro pastor estaba adelgazando más y más, trágicamente 8 meses después él falleció de cáncer, la mayoría en la iglesia estaban dolidos, decepcionados y desanimados, antes de su fallecimiento el pastor nos pidió como sus Pastores asociados que guiáramos la iglesia y ser los Pastores principales. Nosotros nunca deseamos ser los Pastores principales, especialmente con una iglesia dolida.

Después de ya estar como Pastores principales hubo personas que se pararon con nosotros y se comprometieron a seguir con nosotros y cumplir la visión de Dios dada a nuestra iglesia. Algunos nos dieron espadas, cartas, compromisos en cartas selladas, de que ellos estarían con nosotros, pero muchas de esas personas se fueron, nos dolió mucho el ver que las personas ¡nos dejaron! pero teníamos que continuar guiando mientras sangrábamos.

Hubo un tiempo como 2 años después de estar ya como Pastores principales, que sentíamos definitivamente renunciar. Teníamos cuatro adolescentes y seguíamos siendo nuevos como Pastores, nuestros hijos todos estaban creciendo y desarrollando su identidad, pero estaban siendo tentados a hacer cosas que ellos sabían que no debían hacer. Nosotros clamamos más que nunca en ese año, nos sentimos bien desanimados por razón de todas las pruebas en nuestra familia y en la iglesia. Teníamos problemas en nuestra familia, problemas con los ancianos de la iglesia, problemas con los miembros de la iglesia y teníamos problemas con nuestras finanzas, no había muchas finanzas procediendo de la iglesia ni aún para cubrir las necesidades mensuales.

¡Este era la oportunidad para renunciar!

A veces nos sentíamos como "¿porque estamos haciendo esto?" ¿Debemos continuar o renunciar? recuerdo una noche después de una gran prueba con mi hija, estando yo de rodillas cerca de mi cama y llorando queriendo renunciar. Pensando en mi mente "Yo no firmé para todo esto."

Aunque usted haya sido herido o traicionado ¡guíe mientras sangras! Tu sacrificio tendrá recompensa, lo que haces en secreto Dios lo recompensará públicamente (Mateo 6:4) ¡Tú dolor dará vida, fortaleza y victoria a otros!

En nuestra experiencia personal, nosotros seguimos dando, independientemente de lo que sentíamos.

Isaías 58:6-12 dice serás sanado mientras sirves a otros.

Prov. 11:25b da agua y tú recibirás agua.

Da y se te será dado **Luc. 6:38.**

Estos son principios del Reino cuando estás caminando en tu tarea cumpliendo el propósito de Dios para tu vida, habrá enemigos en el llamado de Dios, fuerzas malignas ¡tratarán de parar el destino de Dios para tu vida!

Así como Jesús habrá decepciones, traiciones y heridas, pero por la gracia de Dios debemos escoger continuar sirviendo a otros y ministrando a otros, aún en el proceso de nuestra restauración.

Claves para guiar mientras sangras

1) Permanecer en la presencia de Dios

Todos estamos ocupados, pero estar en la presencia de Dios DIARIAMENTE es absolutamente una necesidad, ¡si vamos a continuar sirviendo y cumpliendo nuestro destino!

Cualquiera que sea tu misión en la tierra, el infierno quiere pararte de cumplir la asignación de Dios. Seas doctor, oficial de gobierno, predicador, etc.

Necesitarás diariamente una llanura fresca de su presencia, gracia, sabiduría y mucho más, que viene desde su gloriosa presencia ¡de modo que puedas terminar la carrera!

2) ¡Toma un día a la vez!

Diariamente pídele al Señor de su abundancia de gracia y paz para llenar tu corazón y mente.

3) Mantener un corazón arrepentido y entregado ¡Muy importante!

¡Se pronto para arrepentirte! no pongas excusas, solamente confiesa y aléjate de cosa pecaminosa y ¡sigue adelante!

4) Guardando nuestros corazones diligentemente

Si vamos a terminar bien un corazón puro es una necesidad absoluta. ¡Bienaventurados los de corazón puro porque ellos verán a Dios! (Mat. 5:8).

5) Permítele al Señor que corte y divida el alma, el espíritu (purificar nuestros motivos)

6) Humildad

No podemos enfatizar lo suficiente y la importancia de la humildad.

El quebrantamiento ha sido vital y una clave principal para el proceso de ¡restauración en nuestras vidas!

A través de muchas batallas decidimos humillarnos y no dar pie al orgullo, a la amargura, a la ira. Cuando teníamos muchas oportunidades para sentirnos orgullosos, por la gracia de Dios nosotros elegimos la ¡humildad!

Todos tenemos que elegir mejorar antes que amargarnos. Los sacrificios de Dios son el espíritu quebrantado; Al corazón contrito y humillado no despreciarás tú, oh Dios. **(Salm. 51:17)**.

7) Enfoca tu mente en las cosas de arriba

¡Guarda tus pensamientos! Es importante no pensar sobre las heridas, preguntar por qué o sobre analizar la situación, porque eso puede reabrir la herida y causar que tu proceso de sanidad ¡tome más tiempo!

Cuando se elige ir hacia adelante, aun cuando duele el Señor puede decir, "Trae esta situación en el altar entrega las personas a Dios y sigue moviéndote hacia adelante" sigue amando a Dios, amando a las personas y ¡haz que el diablo coma polvo mientras cumples tu destino!

8) Mantén la visión ardiendo en tu corazón

¡Lo que Dios dice es verdad sus promesas proféticas te fortalecerán!

9) Sabiduría del cielo

Pregúntale a Dios con quien hablar y con quién no hablar. Nosotros aprendimos esto a través de prueba y error. Hubo algunas veces que nosotros contactamos personas para recibir sabiduría, consejo o entendimiento para asegurarnos que estamos definiendo un problema correctamente. Algunas veces el consejo que recibíamos era bueno y fructífero, pero había otras veces cuando nuestra información privada venía a ser pública. esto ocurría simplemente porque nos faltaba sabiduría en confiar en las personas que estaban ungidas y con dones, pero les faltaba el carácter para ser confiables con los asuntos ¡privados de nuestro corazón! Por favor usa sabiduría con aquellos que tú compartes asuntos privados de tu corazón.

10) Conoce el reloj de tu cuerpo

Descansa el tiempo necesario las heridas y las cosas negativas pueden seguir pasando por tu cabeza cuando estás cansado. Las tracciones, corajes y decepciones pueden traer más desánimo cuando no tiene suficiente descanso.

11) ¡¡¡Resistencia!!!

¡Necesitas resistencia!

David estaba herido, Pero tenía que ¡fortalecerse asimismo en el Señor! Fue a la oración y recibió una palabra del Padre qué le dijo: ¡persíguelos, alcánzalos y recupera todo!, le fue concedido.

Pero hay situaciones, donde si alguien pasó por una situación traumática, es posible que deba tomar un tiempo fuera del ministerio para ser sanado y restaurado, sin embargo, en nuestra situación y en muchas otras como el rey David, como Pablo, como Jesús, por la gracia de Dios, ¡continuamos guiando mientras sangrábamos!

¡Se agradecido y mira a las personas fieles que están dando fruto y cambiando!

Escritura de Reflecion

Isaías 40:29

"El da esfuerzo al cansado, y multiplica las fuerzas al que no tiene ningunas."

Jeremías 17:14

"Sáname, oh Jehová, y seré sano; sálvame, y seré salvo: porque tú eres mi alabanza."

Salmos 6:2

"Ten misericordia de mí, oh Jehová, porque yo estoy debilitado: Sáname, oh Jehová, porque mis huesos están conmovidos."

Salmos 147:3

"El sana á los quebrantados de corazón, Y liga sus heridas."

Salmos 119:28

"Deshácese mi alma de ansiedad: Corrobórame según tu palabra."

Filipenses 4:13

"Todo lo puedo en Cristo que me fortalece."

Permítanme Orar Por Ustedes Ahora

Padre, te doy las gracias por aquellos que lideran ahora y por aquellos que Tú estás preparando para dirigir en esta generación. ¡Fortalécelos para seguir liderando incluso cuando duela! Fortalécelos con tu poderosa gracia, Padre, para que sigan moviéndose, nunca renuncien y nunca se comprometan. Señor Jesús, tú dijiste que con tu gracia basta, ¡cuando ellos son débiles, tú eres fuerte! Dijiste que los que esperan al Señor renovarán sus fuerzas y se levantarán con alas como águilas. ¡Correrán y no se cansarán, caminarán y no se desmayarán! Mientras ellos te esperan, confían en ti, y siguen avanzando para obedecer tu gran tarea del reino que tienes en sus vidas, Padre, pedimos que el poder fresco de tu trono de gracia llegue a ellos todos los días. En el nombre de Jesús. Amén

CAPITULO 6
AMOR

Es por nuestro bien que vayamos por estas situaciones muy difíciles. Es un tipo de sufrimiento en Cristo. O en todo caso, cuando pasamos por esa prueba, (esa es la clave, pasarla), entonces nos volvemos más conformes a Cristo, pero hay un lado negativo si no pasamos la prueba, entonces no podríamos haber crecido y madurado en el ¡amor de Dios! podríamos haber quedado en el mismo nivel en el que estábamos.

Amar cuando duele. ¡Siempre gana! ¿de verdad?

A través del fuego hemos comprobado que el amor siempre gana, el amor nunca falla y el amor ¡siempre sale vencedor! De verdad, hemos caminado a través de esto muchas veces, somos testimonios vivos que verdaderamente funciona ¡aun cuando duelen mucho!, el elegir caminar en amor es la única forma de vivir y disfrutar la vida en la tierra y ¡no hay mayor amor que entregar tu vida por los demás! Dios es amor y el amor nunca deja de serlo, el amor todo lo cree, todo lo espera, todo lo soporta, ¡nunca falla!

Si sigues leyendo este libro hay algo en ti que dice yo quiero honrar a Dios, amar a Dios, ¡obedecer el supremo llamamiento de Dios en mi vida! Hay algo en ti que te está llamando a un lugar más profundo en Dios, algo diciendo no me conformare con la mejor segunda opción, amaré a Dios, conoceré a Dios, caminaré con Dios y cumpliré mi propósito en Dios. Si es eres tú, eres parte de este gran remanente en la tierra, ahora mismo determinados a ver la gloria de Dios llenando la tierra. Sin embargo, en nuestro caminar de amor, seremos probados. Nosotros ¡hemos atravesado muchas pruebas de amor en nuestras vidas! Todos atravesáremos por la prueba de amor. Educado, sin educación, negros, blancos, hispanos asiáticos, ricos, pobres, exitosos, no exitosos, serás ofendido en algún punto de tu vida, habrá ofensas decepciones y situaciones que tratarán de envenenar tu corazón para cargar cosas que el corazón humano nunca fue creado para llevar. El corazón humano fue creado para amar, para paz, felicidad, esperanza, fe y gozo, pero si permitimos el odio la falta de perdón y la amargura que permanezca en nuestros corazones, estas cosas serán como veneno. ¡Suéltalas y camina en amor! Cuando empezamos con nuestro ministerio internacional nuestro caminar de amor fue verdaderamente probado, nuestra familia tuvo que atravesar muchas batallas espirituales después de que empezamos a viajar al extranjero, hubo muchas heridas y decepciones que tuvimos, algunas cosas que ¡nunca pensamos que pasaríamos y pasaron!

Una vez mientras estábamos en otra nación ministrando y experimentando el poder de Dios recibimos un mensaje perturbador, era de pecado grave que estaba pasando en la iglesia, fuimos totalmente conmocionados. No entraremos en detalles, porque el amor cubre multitud de pecados, pero contaremos esta historia porque fue muy decepcionante y daño a otras personas como a nuestros corazones; estábamos molestos. Dios nos estaba usando para ministrar a muchas personas en Brasil y ahí estaban las asignaciones del diablo tratando de distraer nuestros corazones y pararnos de llevar a cabo la obra de Dios a la cual nos llamó a ser. En esa situación tuvimos que escoger amar y perdonar, aunque nuestra carne quería reaccionar y no amar tuvimos que hacer una decisión de humillar nuestro corazón y perdonar. Esos fueron momentos dolorosos, porque el diablo estaba tratando de distraer, él no siempre usará personas que tú no conoces, sino que tratará de usar personas que tú amas mucho y que están cercanas a ti, para que te afecte.

Algunas veces podrá ser tu familia inmediata, buenos amigos, líderes de la iglesia, etc. Pero al igual que Jesús tenemos que tomar una decisión y comprometernos al caminar del amor en todo tiempo, debemos elegir mejorar y no amargarnos. La Biblia dice guarda tu corazón con toda diligencia porque de él brotan las "fuerzas" de la vida (Prov. 4: 23). De la misma manera que el corazón natural que es el órgano más importante del cuerpo, así es nuestro corazón espiritual para nuestra vida entera, debemos guardar y proteger nuestros corazones de falta de perdón, amargura, orgullo, ira, etc. Recuerda que no estamos luchando en contra de carne y sangre sino en contra de principados y potestades en las regiones celestes. Esta es la buena batalla de la fe aun cuando no sintamos perdonar o caminar en amor. Nosotros escogemos creer que el amor de Dios ya está en nuestros corazones por el Espíritu Santo de acuerdo a Rom.5:5. Así que elegimos caminar en ese amor, no importa lo que sintamos el amor siempre ganará, el amor siempre te dará la victoria, el amor es Dios y Dios es amor. Dios no puede ser derrotado y el amor no puede ser Derrotado. ¡Tú ganarás! ¡Tú cumplirás tu destino! ¡Tú serás una imparable fuerza en esta generación si guardas tu corazón, eres humilde y caminas en amor! Esa es la única forma que realmente puede ser ¡¡¡formado como Cristo!!!

¡Dios bendice lo que tú dices y Dios bendice lo que tú no dices!

Hay tantas veces que podríamos haber dicho cosas en el calor de la pelea. Solo porque es lo correcto a decir algo, no significa que sea lo correcto ¡de acuerdo al amor! Algunas veces el amor parara tu lengua de decir algo a alguien, aunque tú estés en lo correcto y ellos equivocados; a lo mejor tú estás equivocado y ellos están bien y el Señor te está corrigiendo a través de alguien que ha puesto en tu vida para ayudarte. Aún ahí el amor no se defenderá sino ¡responderá en humildad! Estas son las pruebas que debemos de pasar, para estar arraigados y cimentados en el amor de Dios (Efe. 3:17). El amor escogerá ser tardo para hablar, rápido para escuchar y lento para airarse (Sant. 1:19).

Wow ¡esa es gran sabiduría!

En nuestro matrimonio eso ha sido la clave, hasta la fecha de escribir este libro hemos estado casados por 30 años (Gracias Jesús). Ser tardo para hablar, rápido para escuchar y lento para airarse, nos ha ayudado a evitar muchos desacuerdos, conflictos y de momentos que nos hubiéramos arrepentido, pero solamente cuando "elegimos" caminar en amor, cuando escogimos ser lentos para hablar, rápidos para escuchar, y lentos para enojarnos.

A habido momentos en nuestro matrimonio cuando hemos tratado de hablar sobre una situación donde no llegamos a un acuerdo, cada uno teníamos nuestra opinión de lo que era lo correcto, pero tenemos que escoger el amor, teníamos que escoger el ser tardo para hablar, y escucharnos uno a otro de lo que estábamos diciendo y no enojarnos sino entendíamos o estábamos de acuerdo. Nos dimos cuenta que los dos queríamos lo mismo, pero teníamos diferente ángulo. Ahora si optamos por discutir para probar nuestro punto y ser rápido para hablar, tardo para escuchar y rápido para airarse, (qué puede suceder y sucede en muchos matrimonios), eso puede llegar a ser una receta para destrucción. ¡Eso no es amor!, eso es orgullo y el orgullo viene antes de la destrucción y un espíritu altivo antes de la caída. (Prov. 16:18), Jesús nos ha ayudado en nuestro matrimonio todos estos años y nos sigue ayudando diariamente. Ahí es donde la poderosa gracia de Dios entra, Jesús por su gracia nos ayuda a caminar en amor, nos ayuda a ser tardos para hablar, rápidos para escuchar y lentos para enojarnos. Necesitamos al poderoso Espíritu Santo qué es el espíritu de Jesús en nosotros, activado en nuestras vidas y en nuestro matrimonio, para ayudarnos diariamente. Tú te podrás sentir como que "Tú no firmaste para todo eso en tu matrimonio" pero recuerda el amor de Dios en nosotros ¡siempre conquista! El amor nunca falla en nuestras vidas y matrimonios.

Una y otra vez en nuestro caminar con Cristo tendremos las oportunidades con familiares, amigos, familia de la iglesia, compañeros de trabajo, etc. para hablar lo que pensamos, lo que sentimos, pero el amor te dirá "para", no lo hagas, algunas veces el resultado que deseas viene en camino en una forma muy inconfortable, amar a otros, morir para sí mismo, ser humilde, "elegir" lo que la Palabra de Dios nos instruye a ser.

El amor no busca su propio interés, sino que busca lo que es mejor para otros, el amor quiere bendecir personas, levantar personas, sanar y ayudar a las personas, algunas veces esas personas que queremos amar, bendecir, levantar, sanar y ayudar son las mismas que nos ¡han lastimado! Tal vez usted fue herido por un miembro de la familia y los ha perdonado, pero prefiere no hablar con ellos o bien no estar cerca de ellos, debido a la forma en que te hicieron daño. ¡Cuando vamos a Jesús y le entregamos nuestro dolor, y nuestras heridas, Jesús nos ayudará y nos sanará! Entonces tenemos que orar y bendecir a los que nos han herido y estar abierto si el Señor nos quiere que nos acerquemos a ellos, y mostrar actos de bondad hacia ellos, o hacer algo bueno para ellos.

¡Al hacer esto, no demostramos el amor humano, pero el amor de Dios en nosotros, que reemplaza lo que sentimos! Jesús incluso dijo, "Amen a sus enemigos." A pesar de que el miembro de la familia o una persona podría no ser un enemigo, todavía tenemos que "¡amar, incluso cuando duele!"

Debido a que se le ha hecho a la imagen de Dios con dones y talentos de gran alcance, usted tiene la gracia de Jesucristo, el poder del Espíritu Santo que está listo para explotar en esta generación y de cambiar el mundo y en su caminar para cumplir con su destino, habrá heridas y pruebas, pero hay que comprometerse con caminar en amor.

Escritura de Reflecion

Efesios 5:2

"Y andad en amor, como también Cristo nos amó, y se entregó á sí mismo por nosotros, ofrenda y sacrificio á Dios en olor suave."

Juan 13:34

"Un mandamiento nuevo os doy: Que os améis unos á otros: como os he amado, que también os améis los unos á los otros."

1 Juan 4:7

"Carísimos, amémonos unos á otros; porque el amor es de Dios. Cualquiera que ama, es nacido de Dios, y conoce á Dios."

1 Pedro 2:17

"Honrad á todos. Amad la fraternidad. Temed á Dios. Honrad al rey."

Permítanme Orar Por Ustedes Ahora

Padre, te agradecemos que eres Amor y vives en el interior de cada hijo nacido en Dios leyendo este libro. Te pedimos que fortalezcas a cada lector para saber por revelación cuánto les ama Dios Padre. Que están plenamente persuadidos y conocen la profundidad, altura, longitud y anchura de tu amor, Padre, en el Nombre de Jesús (Efesios 3:14 -21). Padre, como ellos entienden tu amor por ellos, fortalece a cada persona para caminar por tu amor, para demostrar tu amor y aumentar tu amor. (Tesalonicenses 3:12 -13). Deja que el Fruto del Espíritu CREZCA en sus vidas, Padre. ¡Que el mundo sepa que somos tus discípulos por nuestro amor mutuo por el otro (Juan 13; 35) ¡En el Nombre de Jesús! ¡Amén!

CAPITULO 7
¡NO RENUNCIE A SU DOLOR TIENE GRAN GALARDÓN!

¡No abandone el destino de Dios es real!

¡No renuncie a tu destino se cumplirá!

Jesús no sufrió por su propio beneficio, o su propio yo, ¡lo hizo por nosotros¡ ¡Él entregó su vida por nosotros!

Dos años después de que empezamos a Pastorear que estaba listo para renunciar! Había presión en la familia, presión en las finanzas, presiones en el ministerio. Parecía como si múltiples misiles se dispararon a todos nosotros en un momento. En mi corazón yo estaba como, "Señor, ¡yo no he firmado para todo esto! ¡Todo lo que quería hacer era obedecer a Jesús, amar a la gente y ganar almas perdidas para Él! Pero de alguna manera parecía haber comenzado la tercera guerra mundial en el espíritu (Así se sentía para mí😊). Por, mi parte yo estaba listo para renunciar. Los primeros años lloramos más de lo que nunca antes habíamos llorado. Sólo el dolor de las pruebas, las presiones familiares, las decepciones con la gente, todo eso y más parecía ser más que suficiente para agitar la bandera blanca y decir: "he terminado, lo dejo!" Creíamos que

Dios tenía un gran plan, pero que no sabía que el gran plan de Dios daría lugar a "todo este drama." Mi esposa y yo decidimos de nuevo que había un lugar que Dios nunca nos había fallado a nuestro encuentro. ¡Siempre ha mostrado, a venido y nos ha dado la paz en nuestros corazones y mente! ¡Elegimos hacer lo que llamamos "comer alfombra!" ¡Llegamos de rodillas y comenzó a clamar a Dios! Oramos, y seguimos orando, ¡y continuamos orando! ¡El amor de Dios verdaderamente nos motivó! Su gracia nos dio la fuerza para continuar. ¡Dios por su gracia, nos dio la fe para creer que "esto también pasaría" y veríamos la promesas que Él profetizó sobre nuestras vidas ser manifestadas! Pues bien, Dios se presentó, seguimos adelante y hoy estamos caminando en la manifestación real de "algunas" de las grandes cosas que Dios ha profetizado sobre nuestras vidas, ¡hace más de 20 años!

Gálatas 6: 9

No se cansen de hacer el bien, ¡porque a su tiempo cosecharemos si no perdemos ánimo!

¡¡¡Declaramos esta Palabra para tu vida en el nombre de Jesús!!!

Sé fuerte, sé valiente. ¡Dios está contigo y Él no te fallará!

¡Haz la guerra con las palabras proféticas que se han hablado sobre su vida (1 Timoteo 1:18)!

Lo que Dios ha hablado sobre tu vida, ¡cada palabra

profética que Dios te ha dado, declaramos que "TODO" se cumplirá!

Liberamos nuestra fe junto con la tuya, y creemos que Dios te dé la gracia (favor y bendición), ¡la sabiduría, la fuerza, la paz y el poder para cumplir el destino que Dios tiene para tu vida!

Padre declaramos que la palabra que has hablado sobre la vida de esta persona ¡se cumplirá en nombre de Jesús!

¡Padre lo que has ordenado antes que nacieran, declaramos Tu Palabra se cumplirá en nombre de Jesús!

Dios dijo:

Salmos 89:34

"Mi pacto no se romperá, ni alterare la palabra que ha salido de mis labios."

Isaías 55: 8-13

"Porque mis pensamientos no son vuestros pensamientos, ni vuestros caminos mis caminos," dice el Señor. "Porque como los cielos son más altos que la tierra, así son mis caminos más altos que vuestros caminos, y mis pensamientos más que vuestros pensamientos. "Porque como desciende la lluvia y la nieve del cielo, y no vuelven allá, sino que riega la tierra, y la hace germinar y producir, para que dé semilla al que siembra y pan al que come, así será mi palabra que sale de mi boca; No volverá a mí vacía, sino que hará lo que yo quiero, y será prosperada en aquello para que la envié. "Por qué saldrán con alegría, y serán llevados en paz; Las montañas y los collados levantarán canción delante de vosotros, y todos los árboles del campo darán palmadas de aplauso. En lugar del espino crecerá el ciprés, Y en lugar de la ortiga crecerá arrayán; Y será a Jehová por nombre, por señal eterna que nunca será raída."

Números 23:19-20

"Dios no es hombre, para que mienta, ni hijo de hombre para que se arrepienta. Él ha dicho, ¿y no hacer? Habló, ¿y no lo ejecutará? He aquí, he recibido orden de bendecir; Él ha bendecido, y no se puede revertir."

¡Cree en Dios, Obedece a su Palabra! ¡Cumple tu destino!

¡Antes de que nacieras Dios te conoció y ordeno! (Jeremías 1: 5).

Dios dijo: sé los planes que tengo para ti … **(Jeremías 29:11).**

Fiel es el que os llama y Él lo cumplirá. **(1 Tes. 5:24).**

El que comenzó la buena obra en ustedes la completara hasta el día de Cristo (Filipenses 1:6).

"Aunque la visión tardará aún por un tiempo determinado; Pero al final hablará, y no mentirá. Aunque tarde, espéralo, Porque sin duda vendrá, no tardará" (Habacuc 2: 3 NVI).

Fidelidad- ¡Permanece fiel, incluso cuando otros no lo sean fieles!

No permitas que la ofensa, el dolor, la traición, la decepción o algo, envenene tu espíritu.

La gente falla, ¡pero Dios es siempre fiel! ¡Aun cuando nuestra fe es débil, Él es siempre fiel!

2 Timoteo 2:13

"Si somos infieles, él permanece fiel; Él no puede negarse a sí mismo."

Proverbios 20:6

"Los hombres proclaman cada uno su propia bondad, pero ¿quién puede encontrar un hombre fiel?"

Mateo 25:23

"Su señor le dijo: Bien, buen siervo y fiel; has sido fiel en lo poco, te hago gobernante sobre muchas cosas. Entra en el gozo de tu señor."

Sea fiel en lo poco, para que Dios lo haga gobernar (como un rey) sobre mucho.

La fe y la paciencia heredan las promesas.

Resistencia

Cuando permanecemos en Cristo a través de las cosas

difíciles, ¡eso es lo que pone nuestra fe a prueba! (¡Es el momento de la verdad!) Caminando en la Palabra de Dios, que estamos escuchando, y de ser hacedores de la Palabra, (Santiago 1:22).

En nuestros años de comienzo, como una familia joven, hemos tenido que soportar las dificultades! Como muchas familias cristianas no quieran admitir, existen retos en la familia con las finanzas y la crianza de los niños a lo largo de todos sus años de crecimiento y nosotros como padres estando en el ministerio, hubo desafíos. Vimos nuestros hijos pasar por algunas cosas, incluso en la iglesia que eran a veces injusto para ellos y para mantener la paz con la gente, nosotros no preguntamos de "los asuntos", por lo que sufrieron algunas situaciones injustas. Mirando hacia atrás, nos dimos cuenta de que necesitábamos más sabiduría en estas áreas, de cómo hacer frente a este tipo de problemas en las relaciones. ¡A pesar de todo confiamos en el Señor para traernos a través de esos lugares "duros" y aprender cómo caminar en el ¡amor incondicional de Dios! Tenemos que admitir, no era fácil, pero a pesar de todo, el Señor realmente nos ¡enseño sabiduría en las relaciones!

Santiago 1:2-4

"Hermanos míos, tened por sumo gozo cuando os halléis en diversas pruebas, sabiendo que la prueba de vuestra fe produce paciencia. Pero tenga la paciencia su obra completa, para que seáis perfectos y cabales, faltándole nada."

¡Mantente con la buena actitud!

"Mantén una actitud." Fuerte que se niegue a someterse a la presión. Niéguese a comprometerse. Niéguese a renunciar. Determinar todos los días, como el profeta Daniel, que propuso en su corazón de no contaminarse con delicias (del diablo) del rey, que van contaminándote en la carne, el mundo, el diablo. Propón en tu corazón no mirar hacia atrás, actuar como en el pasado, ¡o comprometer el supremo llamamiento que Dios tiene en tu vida! Si te enfocas en Jesús, pasas tiempo de calidad con Jesús todos los días, Él te fortalecerá a mantener el rumbo y mantenerte en el destino dado por Dios.

Toma una decisión y determina hoy que no vivirás una vida cristiana mediocre, y casual. Declara sobre tí mismo, "Por la gracia de Dios, 'seré obediente a la visión celestial' **(Hechos 26:19).**

¡Se uno que termina fuerte!

"Jesús les dijo: 'Mi alimento es hacer la voluntad del que me envió, y que acabe su obra' (Juan 4:34 NVI).

Hebreos 12:2

Dios dice "Viendo a Jesús, el autor y consumador de nuestra fe."

¡Jesús es un finalizador! ¡Como discípulos de Jesucristo, debemos determinar "que por la gracia de Dios" Terminare el encargo de Dios! Voy a obedecer el supremo llamado de Dios.

En los buenos tiempos, en los tiempos difíciles determina ¡nunca renunciar! ¡No renuncies!

Escritura de Reflecion

Efesios 5:2

"Y andad en amor, como también Cristo nos amó, y se entregó á sí mismo por nosotros, ofrenda y sacrificio á Dios en olor suave."

Juan 13:34

"Un mandamiento nuevo os doy: Que os améis unos á otros: como os he amado, que también os améis los unos á los otros."

1 Juan 4:7

"Carísimos, amémonos unos á otros; porque el amor es de Dios. Cualquiera que ama, es nacido de Dios, y conoce á Dios."

1 Pedro 2:17

"Honrad á todos. Amad la fraternidad. Temed á Dios. Honrad al rey."

Permítanme Orar Por Ustedes Ahora

¡¡¡Padre, te damos las gracias por el espíritu de resistencia!!! Gracia para llevar con nosotros, gracia para vencer, gracia para mantener el rumbo y poseer las promesas que has declarado sobre sus vidas. Padre, por esto eres glorificado, que ellos dan mucho fruto. ¡Hablamos de la vida en su espíritu, para que sigan diciendo sí a ti, Padre, y sí al «Alto Llamamiento» que tienes en su vida en el Nombre de Jesús! ¡Que la tierra reciba la bendición total del don que ellos son para esta generación y que millones de almas vengan a Jesús como resultado de su «SÍ» en el Nombre de Jesús! ¡Amén!

CONCLUSION

Digo todo esto para decir, si hubiéramos renunciado cuando se sentía como la tercera guerra mundial estaba sucediendo a nuestro alrededor, ¡entonces no estaríamos caminando en lo que Dios había profetizado hace muchos años! Nuestro Gran Dios y Fiel Padre lo hizo por nosotros y Él lo hará por ti. ¡No eres de los que renuncian, eres un finalista! ¡No eres un debilucho espiritual, a través de Cristo eres un guerrero poderoso! Confía, obedece, resiste, y finaliza tu asignación del Reino. ¡Millones de almas están a la espera para la gloria de Dios se manifieste en y a través de tu vida! ¡Su destino ha sido pagado por la sangre preciosa de Jesús! Ahora ve a apodérate de ella, pase lo que pase.

#NO RENUNCIES #SELAH

RECONOCIMIENTO

Agradecemos a Dios por nuestros cuatro hermosos hijos adultos, sus cónyuges y nuestros preciosos nietos. Como muchas familias, hemos pasado por muchas pruebas; sin embargo, ¡Dios siempre ha estado allí para mantenernos juntos! ¡Amamos MUCHO a cada uno de ellos! Agradecemos a Dios que cada uno de nuestros hijos tenga fe en Cristo y que este legado de fe y pasión por Jesucristo continúe en nuestra familia por muchas generaciones.

¡A lo largo de los años ha habido mucha gente que ha impactado nuestras vidas! Dios nos dio algunas joyas especiales de la Gente del Reino en momentos críticos de nuestras vidas.

Queremos agradecer a los Pastores Rich & Sue Ruiz. Ellos fueron nuestros primeros Pastores. Seguramente fueron enviados por Dios para ayudarnos, disciplinarnos, castigarnos y amarnos incondicionalmente a través de muchas situaciones y pruebas de vida. A través de batallas espirituales y financieras, a través de la gran crisis de salud con nuestro hijo, y más, los Pastores Rich y Sue estuvieron allí. Agradecemos a Dios por su vida y compromiso con el Evangelio de Jesucristo.

Además, damos gracias a Dios por la preciosa vida del Pastor Todd Ruiz que heredó la iglesia de sus padres los Pastores Rich y Sue Ruiz. ¡¡¡Cuando mi esposa y yo fuimos salvados el pastor Todd era un evangelista joven y activo!!! Y, Oh, Dios, el Señor ungió al Pastor Todd como una voz poderosa y un gran libertador para muchas personas jóvenes y mayores. Extrañamos al Pastor Todd, ya que ya se ha graduado al cielo, pero su espíritu vive en muchos soldados del Reino haciendo hoy el trabajo del Ministerio.

Por último, pero no menos importante, damos gracias a Dios por nuestro maravilloso liderazgo, sabiduría y familia de la Iglesia de la WHCO. En mi opinión, ¡¡¡estos son algunos de los creyentes más increíbles y leales en el Reino de Dios!!! Ellos han orado con nosotros, han estado con nosotros, han estado en las trincheras de las batallas espirituales con nosotros, y por la Gracia de Dios, esta Familia de la WHCO se ha convertido ahora en un Ministerio Internacional. La visión de predicar el Evangelio, ganar millones de almas en todo el mundo, construir pozos de agua, construir orfanatos infantiles del Reino y cambiar el futuro de las naciones, se cumplirá por la gracia de Dios y la fe de estos hombres y mujeres de la alianza en la WHCO. ¡A Dios sea la gloria para siempre por su increíble gracia y gloria!

SOBRE EL AUTOR

Los doctores Kem y Dara Gaskin fueron salvados por la Gracia de Jesucristo en 1988. Luego se casaron en 1989. ¡Tienen cuatro hijos y siete nietos! El Señor ha bendecido a Kem y Dara para servir como Líderes Superiores y Supervisores de dos Iglesias activas. Uno en Lancaster, California y otro en Niteroi, Brasil. Cada uno de ellos ha sido galardonado con dos doctorados honoris causa en Filosofía de las Humanidades. Por la gracia de Dios, Kem y Dara han predicado el Evangelio de Jesucristo en al menos 12 naciones diferentes, creyendo a Dios por almas salvadas, avivamiento y reforma. ¡Todo por la gloria de Dios para siempre!

Aquí hay algunas fotos de los últimos seis años de Ministerio en nuestra iglesia y en varias naciones. ¡Dios es fiel!

LA INFORMACION DE CONTACTO

World Harvest Christian Outreach Church

224 West Lancaster Blvd, Lancaster, CA 93534

(661)945-5500

whcoministries.org

facebook@whcoglobal

facebook@whcoministries

www.ingramcontent.com/pod-product-compliance
Lightning Source LLC
Chambersburg PA
CBHW060340050426
42449CB00011B/2804